天才のたまご！

どれも、春になると、たくさん見られるものだよ。実際に見た人はいるかな。絵では花や虫だけど、よく見られる花や虫だよね。

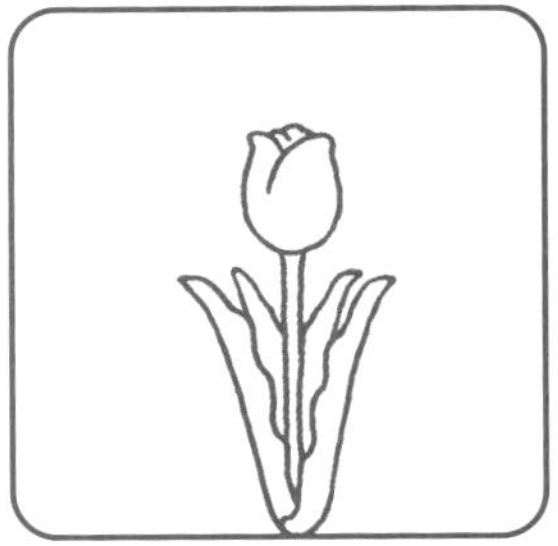

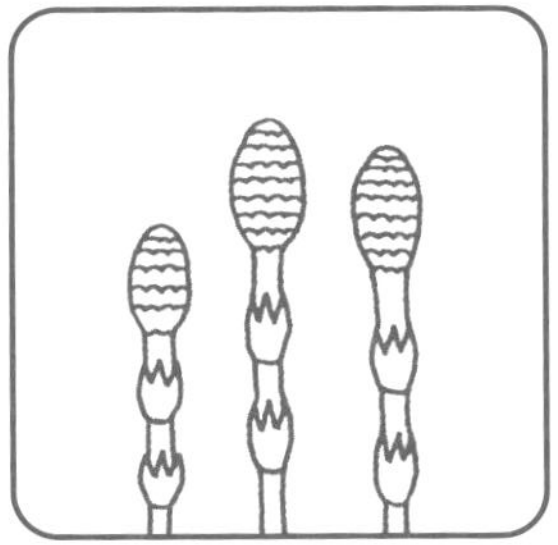

てんとうむし •

• （てんとうむし）

つくしんぼう •

• （つくし）

チューリップ • - - - - - - - - - - - - - - - •〈れい〉

（だんごむし） •

JN022622

生きものの 絵と 名前を 線で つなげよう。

名前 _____ もの

顔の 絵と、気もちを あらわす ことばを 線で つなげよう。

よろこび

おどろく

おこる

なく

喜ぶとき、おどろくとき、おこるとき、なくとき、
目や口は、どんなようすになるかな。

できたら 天才！

ほかに、どんな「反対のいみになることば」を知っているかな。

天才ですたら～！

入口（いりぐち）	夜（よる）
朝（あさ）	下（した）
空（そら）	昼（ひる）
上（うえ）	左（ひだり）

はんたいの いみに なる ことばを せんで つなぎましょう。

○に、同じ なかまの ことばが 入って いるよ。
それぞれの なかまを あらわす ことばを 見つけて、線で つなげよう。

ももたろう
花さかじいさん
かちかち山

・

・ 虫

たまごやき
うどん　みそしる
おにぎり

・

・ むかし話

てんとうむし
ばった　せみ
かまきり

・

・ 食べもの

○の中にある ことばを、まとめて いえるなら、□の ことばを 使おう。

できたら
天才〜！

うまく できたら 天才はかせだ！

そのほか、「こめ」のように、「とり」と同じように、「しょくぶつ」などの □の上の □に書くとよいな。「こんちゅう」などのように、「かい」と同じように書けるかな。

生きもの

貝
・あさり
・しじみ
・ほたて貝

鳥
・すずめ
・はくちょう
・ふくろう

なにを入れてみよう！「虫」や「動物」、「植物」など

魚
・
・
・

（空らん）
・
・
・

「生きもの」の いろいろを あつめて、「鳥」「貝」の なかまを 見つけて、あいている なかまの はこに 入れて みよう。

こくご　ことば

人の せいかく(その 人の 行いから わかる とくちょう)を あらわす ことばが、□に あるよ。◯で かこもう。

おとなしい

近い

あつかましい

じかい

やさしい

やさい

あつかましい

「あの人は、◯◯◯せいかくだ。」という文に、それぞれのことばを入れて、考えてみよう。

できたら 天才！

夕焼けを見て、□の気持ちになりました。「という文に」にはどれが入るか考えてみよう。

うつくしい

楽しい

うれしい

まぶしい

大きい

新しい

かなしい

気もちを あらわす ことばが 三つ あります。○で かこみましょう。

8

ひらがなの つかい方が 正しいのは どちらかな。◯で かこもう。

〈れい〉1 みかんの ［ かんずめ / (かんづめ) ］。

2 ［ せんせい / せんせえ ］が 話す。

3 思った ［ とうり / とおり ］に なる。

4 ［ みじかい / みぢかい ］えんぴつ。

5 春が ［ ちかずく / ちかづく ］。

6 わごむが ［ ちじむ / ちぢむ ］。

「う」と「お」、「じ」と「ぢ」、「ず」と「づ」は、大人でもまちがえやすい ひらがなの 使い方だよ。全部できたら、すごい！

できたら 天才！

てんさいくんより

ことばの動きをあらわすことばは、いみがわかりやすいね。いみがわからないときは、国語辞典で調べてね。

3 子どもが、
[
しゃがむ。
ころぶ。
はしる。
]

2 魚が、
[
はねる。
およぐ。
まわる。
]

1 かえるが、
[
とぶ。
はしる。
あるく。
]

絵に合う文になるように、「どうする。」のぶぶんを □ からえらびましょう。

ステ 8 の 1

文の「だれが、どうする。」

「何は、何だ」の 文

□の ことばに 合わない 「何だ。」が それぞれ 一つ あるよ。○で かこもう。

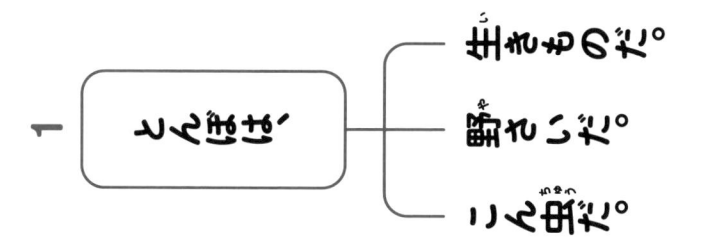

1 とんぼは、
- 生きものだ。
- 野さいだ。
- こん虫だ。

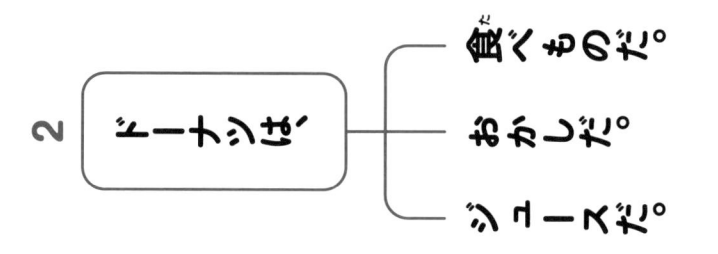

2 ドーナツは、
- 食べものだ。
- おかしだ。
- ジュースだ。

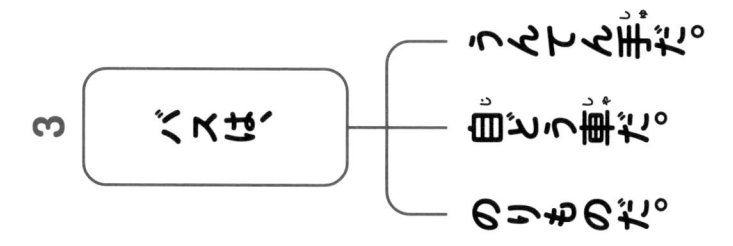

3 バスは、
- うんてん手だ。
- 自どう車だ。
- のりものだ。

声に出して 読む（音読する）と、「何は」と「何だ」の つながりを 確かめる ことが できるよ。

できたら 天才！

これも、ようすを あらわす ことばだね。いみが わからない ときは、国語辞典で 調べてよう。

天才だ できたら

3 この 水たまりは、
[近い。
あさい。
ふかい。]

2 この ひもは、
[長い。
四角い。
丸い。]

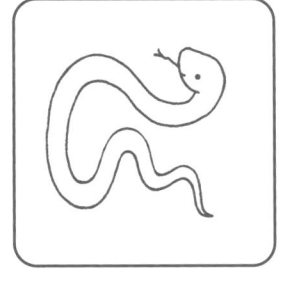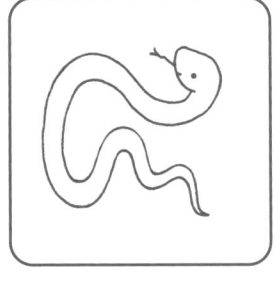

1 この ありは、
[少ない。
小さい。
からい。]

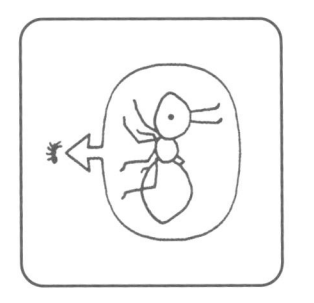

絵に あう 文に なるように、□の ぶぶんを 「、」の どちらかを えらんで、○で かこいましょう。

ステップ 10の1 [ぶんぽう] ぶんの「、」「。」の文

コース 1 の 10+

「〇〇は、〜い。」の 文を 作ろう

□に ことばを 入れて、文を 作ろう。

〈れい〉

| やきゅう | は、楽しい。 |

| | は、おもしろい。 |

| | は、うれしい。 |

| | は、むずかしい。 |

あなたが 「おもしろい」「うれしい」「むずかしい」と 思う ことは、何かな。「〇〇は〇〇だよ。」という ときは、たくさん 書いてね。

できたら 天才ー！

あなたの 名前を ひらがなで 書いて、その ひらがなから はじまる
ことばを さがして みよう。

◆名前が「よういち」の れい。

右から読む →

よ	る
う	めぼし
い	す
ち	ず

◆あなたの 名前で やって みよう。

↓ここから書く

◆できる 人は、全体で 一つの
文に なるような ことばも
さがして みよう。

右から読む →

よ	あけに おきた
う	ながめの にえも
い	わに のぼって
ち	ゆうがえり

できたら 天才ー！

ランクーで学習した「人の性格を表すことば」や「気持ちを表すことば」
をうまく使うと、自己しょうかいの文ができるよー。

ことばで あそぼう②　　　かん字で ぬり絵

□□□□の 中に ある、「色を ぬる かん字」が 書かれて いる ところを 見つけて、すきな 色で ぬろう。どんな 形に なるかな。

色を ぬる かん字

天　空　林　竹　雨　花

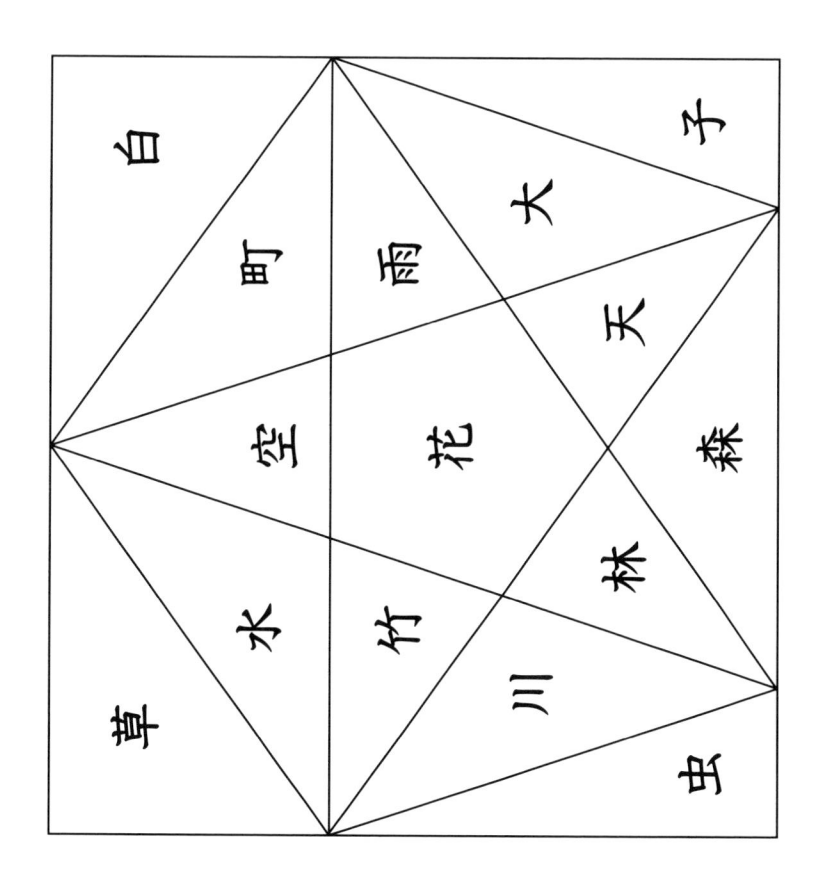

できたら
天才ー！

どれも、一年生で 習う 漢字だよ。六つの 漢字を 使って、お話を 作ってみてもいいね。

認定証

ランク1

　　　　　　　　　　　　　殿

あなたを
「この1冊で身につく！1年生の国語読解力」
ランク1修了と認定します。
ここにその努力をたたえ、
認定証を授与します。
これからも言葉や文章にふれることを楽しみ、
読解力を伸ばしましょう！

　年　　月　　日

筑波大学附属小学校　白坂洋一

○に 同じ なかまの ことばが 入って いるよ。
それぞれの なかまを あらわす ことばを 見つけて 線で つなげよう。

おもしろい　さびしい　こわい　はずかしい

大きい　ひくい　高い　小さい

ねころぶ　およぐ　さけぶ　すわる

うごき

気もち

ようす

「ゲームは、おもしろい。」のように、そのことばを使った文を考えてみよう。

できたら　天才！

17

はんたいの いみに なる ことばどうしを、線で つなげよう。

むずかしい ●	● やさしい
ひろい ●	● せまい
おします ●	● ひきます
ひくい ●	● たかい

反対の意味になることばは、同じ形の文に入るよ。
たとえば、「ここでスマホは　□□　。」という文には、どれと どれが入るかな。

つぎの 文しょうの 中には、いくつの 文が あるかな。

〈れい〉

1	2
すみれの 花が さきました。	花は、むらさき色を して います。

文の 数は　2

2こ だ ね！

　みなさんは、どんな 色の 花が すきですか。黄色ですか。白か、青色でしょうか。こん虫にも、すきな 色の 花が あると いわれて います。あげはちょうは、赤い 色の 花が すきで、ここの 花など に あつまります。赤い 色の 花が さいて いたら ぜひ かんさつして みて くださいね。

文の 数は　□

できたら 天才！

書き始めから 「。」までの、ひと区切りのことばのまとまりを「文」と いうよ。「文章」は「文」が 集まったもので、「。」の 数を 数えると、「文」の 数が わかるよ。

「とい（しつもん）」の 文は どれか。
１〜４から 一つ えらんで、数字で 答えよう。

1 夜の 空には、たくさんの 星が ありますね。

2 朝や 昼に 空を 見ても、星は ありません。

3 どうして、朝や 昼の 空には 星が ないのでしょうか。

4 朝や 昼の 空にも 星は ありますが、見えないだけです。

「とい」の 文は ☐

質問するときには、「何が～でしょう」「～でしょうか」ということばを使うね。この後に何が書いてあるのかを質問する形で表した文を、「問い」の文というよ。

できたら
天才！

「とい（しつもん）」の 文に 合う 「答え」の 文は、どれかな。
1〜3から 一つ えらんで 数字で 答えよう。

〈とい〉 かまぼこは、何から 作られるでしょうか。

1 日本では、いろいろな かまぼこが 作られて います。

2 かまぼこは、魚から 作られるのです。

3 かまぼこと ちくわは、にて いる ところが あります。

「答え」の 文は ☐

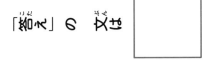

「問い」に 対する 「答え」の 文は、「〜のです。」「〜なのです。」という 形に なることが 多いよ。

答えが、「えんぴつ」「とけい」に なる クイズを 作って みよう。
どんな とい（しつもん）にしたら 答えが わかるかな。

〈れい〉

> わたしは、首の 長い どうぶつです。わたしは、なんでしょう。

> 〈答え〉わたしは、きりんです。

> わたしは、
>
> 　　　　　　　　　　　　　　わたしは、なんでしょう。

> 〈答え〉わたしは、えんぴつです。

> わたしは、
>
> 　　　　　　　　　　　　　　わたしは、なんでしょう。

> 〈答え〉わたしは、とけいです。

> クイズを、「問い」と「答え」の 文から できているんだね。

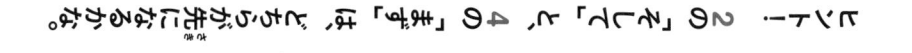

ヒント！ ②の「それ」と、④の「まず」は、どちらが先になるかな。

天才キッズ

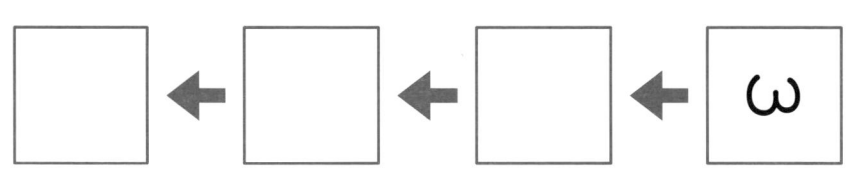

3 ← ☐ ← ☐ ← ☐

1 その わけは、二つ あります。

2 そして、二つめの わけは、お姉さんが よむ ことです。

3 わたしは、図書かんに 行くのが すきです。

4 まず、わたしの もっていない 本を 読める からです。

1〜4の 文を 正しく つながるように ならべなおしなさい。

レベル 6の2

文の じゅん番

うさぎくんと ねこくんが 話して いるよ。 それ と これ は、それぞれ
あ〜おの どれを さして いるかな。

「サッカーボールを もって きたよ。
ものは、おじいちゃんに 買って もらったんだ。」

「うさぎくん、 それ、どこで 買って もらったの。」

「えき前の おもちゃやさんだよ。
ねこくんの シャツ かっこいいね。」

「これ は、お姉ちゃんが えらんで くれたんだ。
ぼくも 気に いって いるよ。」

それ は [　　　　]

これ は [　　　　]

できたら
天才シール

「これ」や「それ」を 使うことで、前に 出てきたことばを
短く 書き表すことが できるよ。

ステップ 8の2

「ぶん」を つなぐ 文ん

「□□が、○○。」のように、「○○。」について（理由）を「□□」の部分が表しているよ。

できたら 天才！ちょう

どう なったかを 書いて いるのは ［い］

え　山の せいに ついて とんで いくのかも しれません。
う　わた毛は、ふわふわと とんで いくでしょう。
い　見えなく なるほど 高い ところへ 上がる ものも あります。
あ　たんぽぽの わた毛が、たくさん 空に まい上がりました。

きゅうに 強い 風が ふいたので、
野原は たんぽぽの わた毛で、まっ白です。

どう なったかを 書いて いるのは ［あ］

い　そして、川から もぐって いきました。
あ　にげて しまいました。

おおかみは 大きな ものが ながれて きたので、

〈れい〉

あ～え の どれかな？ ［　］
が どう（じゅん）に なって いくかを、正しい じゅんに ならべて 書いて いるのは

文しょうを 読んで、三つの もんだいに 答えよう。

- ⓐ 公園の 木の えだに、何か 生きものが いる ようです。
- ⓘ 何が いるのでしょう。
- ⓤ しゃくとりむしが いるのです。
- ⓔ しゃくとりむしは、人が 手の ゆびを つかって 長さを はかる ときの、「1、2」と すすみ方を します。

---

1 「とうの 文」を、ⓐ~ⓔから 一つ えらぼう。

2 「答えの 文」を、ⓐ~ⓔから 一つ えらぼう。

3 しゃくとりむしが すすむ ようすに よく にた 手の ゆびの うごきは、どれか な。1~3から えらんで 数字で 答えよう。

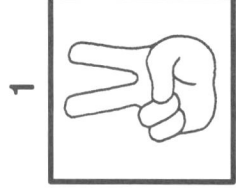
1

2

3

できたら 天才！

このような、物事の しくみなどについて 説明している 文章を、「説明文」と いうよ。説明文では、「問いの 文」を 見てみよう。どんな ことを 説明しているかが わかるよ。

大阪書籍 平成17年度『二年国語 上』より

タイトル（題名）には、起こる出来事などが表されていることが多いよ。また、登場する人物（人）の名前や

> まほうの ぼうしです。
> なんでも たべる
> ぼうしです。
>
> はりねずみが とおりました。
> ぼうしは ねずみを たべました。
>
> ねこが とおりました。
> ぼうしは ねこを たべました。
>
> いぬが とおりました。
> ぼうしは いぬを たべました。
>
> へびが とおりました。
> ぼうしは へびを たべました。
>
> まほうの ぼうし

文しょうを 読んで、つぎの ３ばんの もんだいに 答えましょう。

１ このお話を、大きな声で、読んだ数を○でかこんで 出して 読もう。

２ このお話の だい（名）は、何かな。

３ はいから どんな じゅんに でてきますか。□には、１〜４から えらんで きごうを 書きましょう。

でてくるもの	じゅんに
へび	( )
いぬ	( ) 1
( )	( ) 2
ねこ	( ) 3
( )	( ) 4

口の 形に 気を つけて 声に 出して 読んで みよう。

あいうえおの うた

まど・みちお

あかこえ	おおこえ	あいうえお
かきのき	かくから	かきくけこ
ささのは	さきつく	さしすせそ
ただみを	ただこて	たちつてと
なにもの	なになの	なにぬねの
はるのひ	はなうる	はひふへほ
まめのみ	まめのめ	まみむめも
やみよの	やまゆり	やいゆえよ
らんらん	らくらん	らりるれろ
わこわこ	わまわし	わいうえを

『続 まど・みちお全詩集』(理論社) より

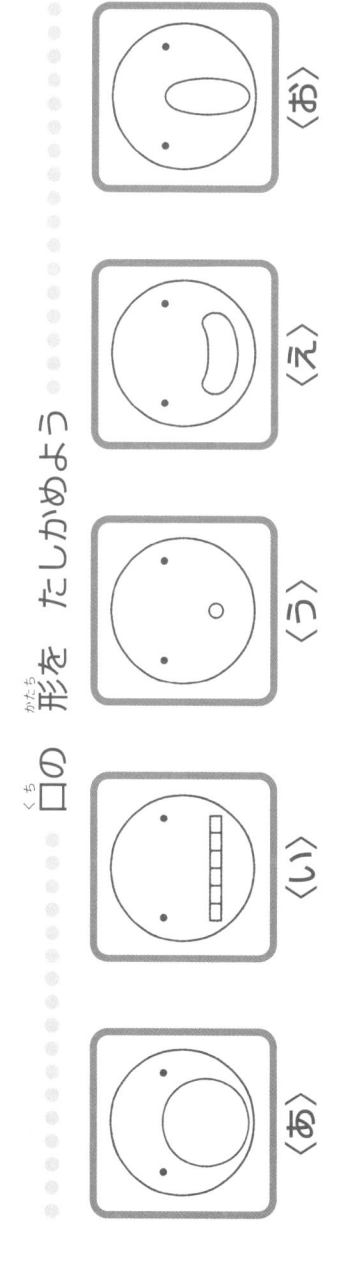

口の 形を たしかめよう

〈あ〉
〈い〉
〈う〉
〈え〉
〈お〉

できたら 天才!

初めはゆっくり読もう。なれてきたら、だんだん速くしてみよう。「なにぬねの」「まみむめも」など、難しいところもあるけれど、がんばって!

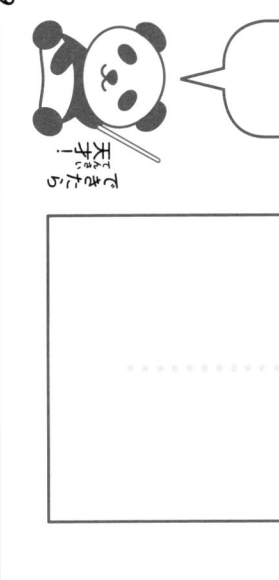

天才でき～!

あなたには、よこの線があるところでかならず曲がるのが決まりだよ。

〈できた文〉

───

▼「つ」を書こう
、

▼「に」を書こう
で

▼「だ」を書こう
が

▼「だった」を書こう
。

五月四日、(ごがつよっか)

海の中で(うみのなかで)

▼あなたの名まえを書こう
が

おどった。

むかしむかし

野原で(のはらで)

りょうり

わらった。

きょう、〈れい〉

学校で(がっこうで)

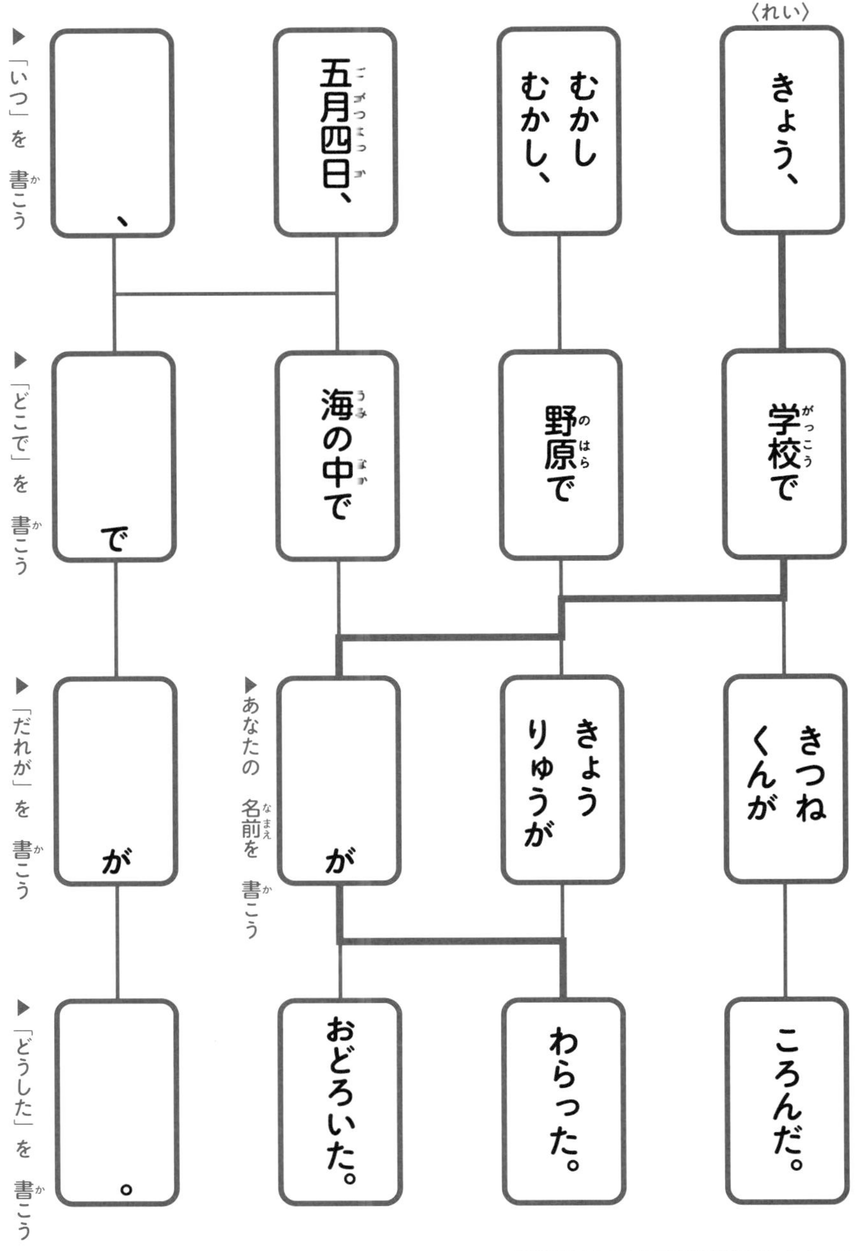

へん
きつね

いった。

あなたにあうことばをえらんで、できた文ぶんをいちばん上うえの線せんをなぞって、文ぶんを作つくってみよう。ちがう文ぶんができるよ。

ことばあそび ③

いろ・ことば・だいすけ・くん

手紙と 地図で、たからの はこが ある ばしょを 見つけよう。

〈手紙〉

道の ある とうくつから すすむ。

とうくつは、いりぐちが たくさん すくに いる。

はじめの わかれ道で、右く すすむ。

ぬまは あぶない。気を つけろ。

たきは、をに なると、におって しまう。

つぎの わかれ道で、木の 数が 多い ほうく すすむ。

さいごに、たからの はこが ある。

〈地図〉

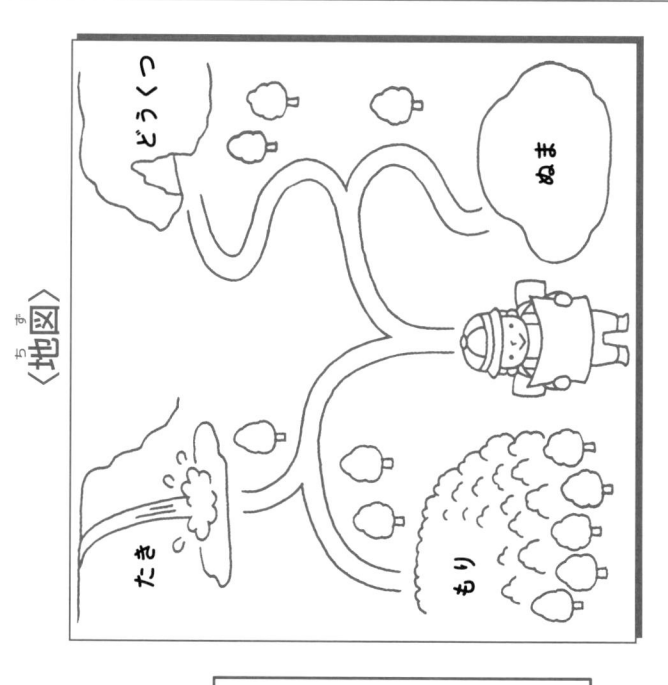

どうくつ　ぬま　たき　もり

たからの はこが あるのは ☐

できたら 天才！

宝の 箱には 何が 入っているんだろうね。想像して お話を 作ってみてもらうと。

認定証

ランク2

＿＿＿＿＿＿＿＿＿＿＿ 殿

あなたを
「この一冊で身につく！一年生の国語読解力」
ランク2修了と認定します。
ここにその努力をたたえ、
認定証を授与します。
これからも言葉や文章にふれることを楽しみ、
読解力を伸ばしましょう！

　年　　月　　日

筑波大学附属小学校　白坂洋一

□には、「だから」か「でも」の、どちらかが 入るよ。
「だから」の 入る 文を、二つ えらんで、数字で 答えよう。

1　犬は、わんわんと 鳴きます。□、かめは、鳴きません。

2　雨が ふって きました。□、かさを さしました。

3　おばあちゃんは、やさしいです。□、ぼくは すきです。

4　あさがおの 花が さきました。□、昼には しぼみました。

「だから」の 入る 文は □ と □

だから！でも！

「だから」は、前の文が、後の文の「わけ（理由）」に なるときに 使うよ。

□には、「そして」か「でも」の、どちらが 入るよ。
「でも」の 入る 文を 二つ えらんで、数字で 答えよう。

1　ひらがなが 書けます。□、かん字は、まだ 書けません。

2　朝ごはんを 食べました。□、はを みがきました。

3　わたしと お姉ちゃんは なかよしです。
　　□、ときどき けんかも します。

4　いっしょうけんめい 走りました。□、一いに なりました。

「でも」の 入る 文は □ と □

「でも」は、前の文と後の文の内容が逆になるときや、前の文で予想したことがはずれたときに使うよ。「だけど」や「しかし」も、同じはたらきのことばだよ。

できたら
天才！

「なぜなら」は、前の文のようなことになった「わけ（理由）」を、後の文で説明するときに使います。「だから」と、同じようなことをはんたいにしたように見ると、わかりやすいです。

あついから・人が・きたから・さいたから・うれしかったから・春だから

□に 入る ことばを、□ から えらんで 書こう。
ひらがなで 書いても いいよ。

1 ぼくは、けさ、トイレに いきました。
なぜなら 〔　　　　　〕 です。

2 チューリップの 花が さきました。
なぜなら 〔　　　　　〕 です。

3 わたしは、あさの そらを 見て、きれいな くもを 見ました。
なぜなら 〔　　　　　〕 です。

4 ぼくは、チョコレートが すきです。
なぜなら 〔　　　　　〕 です。

二つの ことがらから、すきな ほうを えらぼう。そして、じぶんで そちらを えらんだわけを、「なぜなら 〜(だ)からです。」の 文で 書いて みよう。

〈れい〉

| みかん |と| りんご |なら、わたしは（　みかん　）が すきです。
なぜなら ほうちょうで 切って もらわなくても、手で むいて すぐに 食べられるからです。

| 犬 |と| ねこ |なら、わたしは（　　　　　　　　）が すきです。
なぜなら

　　　　　　　　　　　　　　　　　　からです。

| 山 |と| 海 |なら、わたしは（　　　　　　　　）が すきです。
なぜなら

　　　　　　　　　　　　　　　　　　からです。

できたら
天才！

「なぜなら」「どうしてかというと」で始まる「わけ（理由）」の文は、
「〜からです。」「〜だからです。」で終わることが多いよ。

□に 入る ことばを、▭から えらんで 書こう。

1 お店には たくさんの しなものが ならんで います。

たとえば、[　　　　]や [　　　　]が あります。

2 ソラは、スポーツが とくいです。

たとえば、[　　　　]や [　　　　]は

三年生にも まけません。

3 音楽室には、いろいろな がっきが おかれて いました。

たとえば、[　　　　]や [　　　　]や

[　　　　]などです。

オルガン・サッカー・キャベツ・ドッジボール・ハーモニカ・トマト・リコーダー

ステップ 1の4 で学習した「同じ なかまの ことば」を、思い出して みてね。

できたら 天才！

□に 入る ことばを、□から えらんで 書こう。
ひらがなで 書いても いいよ。

1　モモは サクラの 姉と いう ことば。

　つまり、サクラは モモの 〔　　　　　　　〕です。

2　空を とばない 鳥、

　つまり、〔　　　　　　　〕や だちょうなどは、

　体の 形が ほかの 鳥と ちがいます。

3　木の み、

　つまり、くるみ、〔　　　　　　　〕、まつぼっくりなどは、

　りすが このんで 食べます。

じゃがいも・母・ペンギン・どんぐり・つめ・妹

※つかわない ことばも あるよ。

「つまり」は、言いかえることば。「つまり」の 前と 後は、同じ 内容に なるよ。

天才だ！
できたら

「字がたくさん書いてあるから、一字ずつかぞえながら、次にある一字をさがすのは大へんだよ。「段落」の前まで、文章の中で…」

だんらくの
数は

☐

カンガルーは、オーストラリアや南アメリカの森などにすんでいます。日本でも、どうぶつ園で見ることができます。

カンガルーの体は、とても大きくなります。大きいものでは、人間ぐらいの大きさがあり

ねむるときは、木にぶらさがってねむります。草を食べて

くらしています。

つぎの文しょうには、いくつ「だ」があるかな。数字を書いてだんらくがあるかな。

この 文しょうは、何に ついて 書かれて いるかな。
文しょうの 中に ある ことばを つかって、五文字で 答えよう。

みなさんは、さくらんぼを 食べた ことが ありますか。あまくて おいしい さくらんぼは、夏の はじめごろ、たくさん お店に ならびます。

さくらんぼは、さくらの 木の みです。しかし、公園などに うえて ある、花の きれいな さくらの 木とは、くつの しゅるいです。公園の さくらの 木の みは、小さくて、にがくて、とても 食べられません。お店で 売られて いる さくらんぼは、みが 大きくて あまくなる、とくべつな しゅるいの さくらの 木を、はたけで そだてた ものなのです。

に ついて 書かれて いる

できたら 天才ー！

この文しょうに、いちばんぴったりな、だい（タイトル）を つけるなら、1〜3の どれが いちばん いい文しょうに ぴったりな だい（タイトル）を、数字で 答えよう。

〈文しょう〉

ウサギの耳は、長くて大きいですね。どうして、あんなに大きいのでしょうか。じつは、ウサギの耳には、二つのやくわりがあります。一つは、小さな音をよく聞くためです。もう一つは、体をひやすためです。

〈だい〉

1 ウサギの耳

2 小さな声をよく聞く

3 ウサギの耳はなぜ大きい

いちばん いい
だい（タイトル）は

また、名（タイトル）は、その文しょうを読んでみたくなるように、「この文しょうで、こういうことが伝えたい」という気持ちを表したり、読む人の気持ちをひきつける役割もあるね。

できたら 天才だ！

あなたが だい名を 見て おもしろそうだと 思った 本を、三つ 書こう。
その 本を 読んだら、かんそうも 書いてね。

だい名 (⁣ ⁣)

読んだ かんそう

(

だい名 (⁣ ⁣)

読んだ かんそう

(

だい名 (⁣ ⁣)

読んだ かんそう

(

おもしろそうな 題名が ついている本は、読んでみたくなるよね。

できたら
てんすう
を かこう！

文しょうを 読んで、四の もんだいに 答えなさい。

パンダは、木の みを たべます。

あ　パンダは、竹や ささを 食べます。おもに、竹や ささの 葉や くきを 食べます。夜に なると、木の 上で ねむります。

い　食べものが なくなると、べつの ところへ うつって、また たくさん 食べます。竹や ささは、たくさん あるので、食べものに こまりません。

う　パンダは、竹や ささを 食べるので、木の おおい 森に すんで います。森の 中では、いちにちの ほとんどを 食べて すごします。

え　パンダは、木に のぼるのが じょうずです。木の 上で ねむったり、てきから みを まもったり します。

お　パンダの あかちゃんは、とても 小さくて、はじめは じぶんで うごけません。おかあさんが だきかかえて そだてます。

パンダの こどもは、一回に 一ぴきが ふつうです。

1 この 文しょうは、何回 つづく ものがたりかな。

2 「この 文」は、⑥〜⑥の どこに あるかな。

3 ②で 答えた 文の どこに あるかな、「ときどき」と いう 字で 答えなさい。

4 「答えの 文は、⑥〜⑥の どこに あるかな。」書きなさい。

（パンダの 話）

「ヘえ！」と 「いいな」は、どちらも こえに 出して よんで みると、どんな 気もちか わかるよ。
・・・4は、③で 答えた 数字の かずだけ 書きなさい。

文しょうを 読んで、四つの もんだいに 答えよう。

だんごむしは せつぞくやくん

あ　さわると 体を 丸める 虫に だんごむしが います。だんごむしには いろいろな しゅるいが あります。

い　どんな しゅるいの だんごむしが あるのでしょう。また どのような ものを 食べて いるのでしょう。

う　おかだんごむしは、町の 中、たとえば 学校の 校ていや 公園などに すんで います。おちばや 石の 下を 見ると、さがす ことが できます。おかだんごむしは、おちばや 地めんに おちて いる おちばや 鳥の ふんなどを 食べて います。

え　はまだんごむしは 海の 近くに すんで います。昼は すなはまの すなの 中に もぐって いたり、石の 下で 休んだり して います。夜に なると はい出し、すなはまに うち上げられた 海そうや 魚などを 食べて います。

お　このように、どちらの だんごむしも、町や 海を きれいに する せつぞくやくんなのです。

できたら 一てん

④は、文しょうを よく 読んで、（読み手）に なって、どちらを えらんだら よいか、どちらを えらんだ ほうが 話に 合って いるかを 考えて みよう。

④ この「だいどころ」を 読んで、あなたが いちばん たいせつだと 思う ことばを 一つ えらんで、せんを 引きましょう。

つかう	食べるもの
4 （　　　）	6 や（　　　） 5 に（　　　たからし） 7 や（　　　） など
1 （　　　）	3 や（うまの ふん） 2 や（せんめんき や おふろ）

③ この 文しょうには、つかうものと 食べるものに ついて かかれて います。どんな ものが つかって いるのかな。それぞれの だいひょうを 「つかうもの」「食べるもの」から 一つずつ えらんで かきましょう。

② この「文」は、⑩〜⑭の うち だいたい どこに あるかな。

① この 文しょうは、何に ついて かかれて いるかな。

しりとりで あそぼう ⑤ ／ れんそう しりとりつなぎ

「しりとりつなぎ」は、れんそう（かんけいの ある ことばを たどる こと）しながら ことばを つなげて いく あそびだよ。声に 出して 読んで みよう。また、つづきを 考えて みよう。

こうせい [こうぶくろ]

[こうぶくろ] は [こまい]

[こまい] は ネズミ

ネズミ は しっぽ

しっぽ は くぎ

くぎ は はねる

はねる は （　　　　　）

（　　　　　） は （　　　　　）

（　　　　　） は （　　　　　）

（　　　　　） は （　　　　　） …

「あまい」「からい」の ように、正反対の ことばでつなぐ、コースもできるね。

認定証

テンク3

殿

あなたを

「この一冊で身につく! 1年生の国語読解力」

テンク3修了と認定します。

ここにその努力をたたえ、

認定証を授与します。

これからも言葉や文章にふれることを楽しみ、

読解力を伸ばしましょう!

　　　　年　　　月　　　日

筑波大学附属小学校　白坂洋一

「登場人物」は、お話に
出てくる人や、考えたり、
動いたり、話したり
するものだよ。物語の中で、
「登場人物」は、人だけ
でなく、動物や人形などの、
人のようなもの
も、登場人物だよ。

とうじょうじんぶつは

おばけ	かに	とり
いちばん		森
ブレーメン		犬
音楽たい		ふ
どろぼう		ろば

ね、ロバが言いました。
「それは、いい かんがえだ。」
と、犬が言いました。

「そうだ。おれたちは、ブレー
メンという 町へ、
行って、音楽たいに 入ろ
う。いっしょに 音楽たいを
やろう。」と、ロバが 言いました。
ロバは 年をとって、はたらけなく
なりました。犬も、年をとって、
かりが できなくなりました。
その いえを 見つけると、犬は
よろこんで、しっぽを ふりました。
その いえには、どろぼうたちが
いました。その どろぼうたちを、
おどろかして、森の 中にある
いえに はいりました。

この文しょうの とうじょうじんぶつ(お話に出てくる人など)を、□から えらんで、○で かこみましょう。

① お話の 中心に なる 人や どうぶつ (中心人ぶつ) を、

□ から 一人 えらんで、○で かこもう。

たぬきの ポンちゃんは、新しい くつを はいて 走りだしました。くつは、ポンちゃんの 足に ぴったりで、走っても ジャンプを しても、ぬげません。

ポンちゃんは、とても 楽しい 気もちに なりました。

公園では、ポンちゃんの 友だちの、きつねの キイちゃんが、弟の コンタくんと あそんで いました。

キイちゃんは、ポンちゃんが 来たのに 気が つくと、大きく 手を ふりました。

中心人ぶつは

ポンちゃん　　キイちゃん　　コンタくん

できたら 天才！

登場人物の うち、物語 (お話) の 中心に なっている 人物の ことを、「中心人物」と いうよ。気持ちや、心の 動きについて 書かれている 人に 注目してみよう。

天才でピかいち!

登場人物などがどんな人かを考えて読むと、物語がより理解しやすくなるよ。

ステップ 3の4

文しょうから 文しょうの とうじょうじんぶつは どんな 人か

文しょうの 文の とうじょうじんぶつは、どんな 人か、よみとろう。

つぎの 文しょうを よんで、もんだいに こたえましょう。

すえっこの ほなみには、三さい うえの おねえちゃんが います。なまえは、りほと いって、小学四年生です。おっとりした せいかくで、あまり おこる ことは ありません。ほなみが いたずらを しても、やさしく わらって いるだけです。おなじ 女の子でも、ほなみは げんきいっぱいで、おこりっぽいので、まるで せいかくが ちがって います。二人は、見た目も あまり にて いません。ほなみは、パパに にて いるので、かおが パパそっくりに なりました。

1 名前は……… ☐☐

2 年れいは……… ☐ さい

3 どんな人か… いつも わらって いる ☐☐☐

4 せいかく… ☐☐☐☐☐

つぎの 文しょうを 読んで □に 名前を 入れよう。

　ユウトは、さいきん、リツスケが 自分の ことを「ユウト」と よぶのが 気に 入らない。前みたいに、「お兄ちゃん」と よんで ほしいのに。お姉ちゃんの アカリにも「ユウト」と よばれて いるから、まるで きょうだいの 中で、自分が いちばん 年下に なった みたいだ。

1　［　　　　　　　　　］は、ユウトの 姉。

2　［　　　　　　　　　］は、ユウトの 弟。

3　三人きょうだいの まん中は、［　　　　　　　　］

できたら 天才！

登場人物が たくさん 出てくる 物語では、人物どうしの 関係を 整理しておくと お話が 理解しやすくなるよ。

文しょうを 読んで 下の もんだいに 数字で 答えよう。

1　神さまが どうぶつたちを あつめて 言いました。

2　「一月一日に、あいさつに きた どうぶつは、一年ずつ その
　　年の 王さまに して あげよう。」

3　ねこは、いねむりを して いたので、ねずみに 聞きました。

4　「ねえ、ねずみくん。あいさつに 行くのは いつだっけ。」

5　ねずみは、うそを 教えました。

6　「一月二日だよ。」

7　一月一日の 朝に、あいさつを した どうぶつは、じゅん番に
　　王さまに して もらいました。

8　これが「えと」の はじまりです。

9　ねずみに うそを 教えられた ねこは、あいさつに 行けなかっ
　　たので、「えと」に なれませんでした。

■　会話文は どいつかな。三つ あるよ。　□ □ □

□

■　会話文の うち、ねこが 話して いる といつは どいつかな。　□

登場人物が 話して いる内容を「 」で あらわした部分を「会話文」というよ。
登場人物の 気持ちや 考えを 読むことが できるよ。行を かえて 書くのが 決まり。

でもできたら
天才！

文しょうを 読んで、二つの もんだいに 答えよう。

> おおかみは、子どもたちに むかって 言いました。
> 「ただいま。お母さんだよ。ドアを あけて おくれ。」
> 子どもたちは、ドアの すきまから 外を 見て、
> 「うそだ。お母さんの 足は、ゆきの ように 白いんだ。
> おまえは、おおかみだな。足の 色が まるで からすみたいだ」
> と、さけびました。

1 お母さんの 足は、「何の ように 白い」と あらわされて いるかな。文しょうから ぬき出そう。

の ように 白い

2 「まるで からすみたいだ。」で あらわされて いるのは、どんな 色かな。つぎの 三つから えらんで、数字で 答えよう。

1 くろ　　2 あか　　3 みどり

できたら
天才！

「まるで〜のようだ。」「まるで〜みたいだ。」という言い方を、「比ゆ」といいます。

天才をそだてる

「○○のように」の ぶぶんは、ようすが よく つたわるように、大きさや 音などを くわしく 書いて、おもしろい 文を 作りましょう。

( ) は、
まるで ( ) のように やわらかい。

( ) は、
まるで ( ) のように 丸い。

( ) は、
まるで ( ) のように 大きい。

〈れい〉
(ぼくの じてんしゃ) は、
まるで (でんしゃ) のように 大きい。

みのまわりの「大きい もの」「丸い もの」「やわらかい もの」を
見つけて、「まるで ○○のように」を つかった 文を 作って
みよう。

ステップ +4の6 「のように」の 文を 作ろう

ステップ **4 の 7**　　　　　「じじつ」と「かんそう」

この 文しょうには、「じじつ（本当に あること）」と「かんそう（自分が 思うこと）」の 二しゅるいの 文が ふくまれて いるよ。
かんそうが 書かれている 文を 二つ さがして 数字で 答えよう。

1　わたしが 学校へ 行く どうろには、おうだん歩道が あります。

2　おうだん歩道には、見まもりの 人が いて、わたしたちが あんぜんに どうろを わたれる ように 見て いて くれます。

3　でも、自どう車が たくさん 走って いる 日も あります。

4　そんな とき、わたしは 少し こわいです。

5　それに、日曜日には、見まもりの 人が いません。

6　歩道きょうが あれば いいのにと 思います。

かんそうを 書いた 文は □ と □

「感想」の 文には、「うれしい」「こわい」のような 気持ちを 表すことばや、「～と 思います。」「～と 考えます。」などの 言い方が 使われるよ。

音を表すことばを「擬声語（擬音語）」、ようすを表すことばを「擬態語」、あわせて「オノマトペ」というよ。

てんさい だったら できる！

にあった 音や ようすを あらわす ことばを 線で つなぎなさい。

へらへら にやにや くすくす にこにこ	● 食べる ようす
きらきら ぴかぴか ちかちか つるつる	● ひかる ようす
ぱくぱく もりもり むしゃむしゃ ぺろぺろ	● わらう ようす
じろじろ きょろきょろ まじまじ ちらちら	● 見る ようす

みんなが 知って いる オノマトペ（音や ようすを あらわす ことば）とは ちがう あなただけの オノマトペを 作って みよう。

〈れい〉

雨が ふる ようす…「ざあざあ」「しとしと」など

《新しい オノマトペ》雨が （しとしとしとしと）ふる。

紙を やぶる ようす…「びりびり」「ばりばり」など

《新しい オノマトペ》紙を （　　　　　　　　）やぶる。

ダイヤモンドが 光る ようす…「きらきら」「ぴかぴか」など

《新しい オノマトペ》ダイヤモンドが （　　　　　　　　）光る。

子犬が ほえる ようす…「わんわん」「きゃんきゃん」など

《新しい オノマトペ》子犬が （　　　　　　　　）ほえる。

江戸時代は、犬の 鳴き声を「びょうびょう」と 表して いたんだって。今とは 全然 ちがうね！

できたら 先生に！

文しょうを 読んで、三つの もんだいに 答えよう。

けむりの きしゃ

ながれ星が おちて きました。
えんとつそうじの おじいさんが
ひろいました。
おじいさんは、ながれ星を えんと
つ ていぺんに おきました。
あ「さあ 空に かえして あげよ
う。」
おじいさんは、まきを もやしはじ
めました。
えんとつから けむりが 出て き
ました。
い「おじいさん ありがとう」
ながれ星は、けむりに のって 空
へ 空く のぼって いきました。

矢崎節夫 教育出版 平成27年度「二年国語」より 表記等を一部変更

---

1 ながれ星を ひろった おじいさんが した ことは、何かな。つぎの 三つ から えらぼう。

1 けむりの きしゃに のった。
2 ながれ星を えんとつの てっぺ んに おいた。
3 ながれ星を まきで もやした。

[　　]

2 あと いは、だれの ことばかな。

あ [　　]

い [　　]

3 この お話には、何人の とうじょう人ぶつが 出て くるかな。数字で 答えよう。

[　　]

会話文の前や後に、「〜が言いました」という文がなくても、言った人の名前は書かれていることが多いよ。さがしてみよう。

できたら 天才ー！

文しょうを 読んで 三つの もんだいに 答えよう。

後ろに いるのは だあれ

子犬の ペロには、気に なって いる ことが あります。

いつも 自分の 後ろに だれかが いるようなのです。

でも、ふりむくと、いなくなって しまいます。

あ「だれだろうなあ」

ペロは、ふしぎで しかたが ありません。

「ふりむくと、かくれちゃうんだ。」

「はずかしがりやなのかな。」

ペロが 考えて いると、からすの ソラが 話しかけて きました。

い「ペロちゃん、どうしたの。」

「ソラくん。いつも ぼくの 後ろに いる 子は だれだろう。ふりむくと、いつも ぼくと おなじ、いろいろな 体の 子なんだけど、ふりむくと かくれちゃうんだ。」

ソラは やさしく 言いました。

「それはね、ペロちゃんの いっぽだよ。」

---

1 あ① は だれの ことばか。

あ

い

2 この お話の とうじょう人ぶつの 中から、中心人ぶつを 一人 えらんで 書こう。

3 ペロの 後ろに いたのは、何だったかな。文しょうから ぬき出そう。

どんな

いぬ

何色の

色の

何に

できたら
てんすう

会話文の「」は、二人以上で声に出してする会話だけではなく、ひとりごとや、心の中で思ったことや、考えたことなども表すよ。

「ようす」は、え（絵）を 書くと つたわるかな！

できたら てんさい！

せりふ（言ってみよう）

「なに たべる？」「いっしょに あそぼう」など

ものの なまえ

「うたう」「たべもの」「かばん」「えのぐ」など

ようす

「かみの け 長い」「ぴょんと とぶ」「青い ふく きて いる」など

からだ

「まつげ」「おおきい みみ」「ながい つめ」など

名前

あなたが 作家（さっか）に なったつもりで、おはなしを 作る 人（ひと）に なったと かんがえて みよう。

おはなしの 中に 出てくる 人ぶつを 考えよう

こくご おはなし ⑩

三つの ことばを つかって、お話を 作って みよう。

ことば	たまご　長ぐつ　日曜日

作るときのきまり
- お話の 中心ぶんを、自分に する こと。
- お話は、かならず「めでたし、めでたし。」で おわるように する こと。
- ことばは、すきな じゅん番で つかって よい。

〈れい〉

　ぼくは、日曜日の 朝に、長ぐつを はいた とらに 会った。とらに、
「この 青い たまごを、あずかってよ。」
と たのまれたので、たまごを ハンカチで つつんで、かばんに しまった。
夕方、たまごを とらに かえして あげた。めでたし、めでたし。

いろいろな 三つのことばから お話を 作るやり方を、「三題ばなし」と いうよ。

できたら 天才！

認定証

ランク4

　　　　　殿

あなたを

「この1冊で身につく！1年生の国語読解力」

ランク4修了と認定します。

ここにその努力をたたえ、

認定証を授与します。

これからも言葉や文章にふれることを楽しみ、

読解力を伸ばしましょう！

　年　　月　　日

筑波大学附属小学校　白坂洋一

この 文しょうで あらわされている 日と 時間は、いつかな。
文しょうから 数字を ぬき出そう。

ヒナの たんじょう日は、三月三日。

きょうは まだ 三月二日だと いうのに、ヒナは 朝から うきうきしている。

ようやく 一日が おわって、今は 夜の 九時。ねる 時間だ。

目ざましどけいを 七時に セットする。

つぎに 目が さめた ときは たんじょう日だと 思うと、うれしくて うれしくて、ちっとも ねむく ならない。

今は [ ] 月 [ ] 日の [ ] 時

関係ない 数字も あるから、文章を よく読もう！
数字が 書かれている ところを よく見てね。

できたら
天さい！

この 文しょうで あらわされている きせつと 時間は いつかな。
それぞれ えらんで、数字で 答えよう。

> 　ハルキが きれいに さいた あさがおの 花を ながめて いると、
> お父さんが おさらを かたづけながら 言った。
> 「そろそろ 出ないと、学校に ちこくするよ。」
> 　お姉ちゃんは、テレビの 天気よほうを 気に して いる。
> 「お昼から 雨だって。せっかく、きょうは プールの じゅぎょうが
> 　あるのに。」
> 　ハルキは、あさがおを 見るのを やめ、くつを はいて 大きな
> 声で 言った。
> 「いってきます。」

きせつは　　1 春　　2 夏　　3 秋　　4 冬　　□

時間は　　1 朝　　2 昼　　3 夜　　□

季節や 時間が、文章に そのまま 書かれていないときも、
その季節にしかないものや、その時間にすることが 書かれているよ。

できたら
天才ー！

文しょうを 読んで はじめと おわりで かばんの 中の ものが どう かわったかを 書こう。かん字の ぶんは ひらがなで 書いても いいよ。

とかばは、出かける 前に かばんの 中を たしかめました。

地図、サンドイッチ、ハンカチ、貝がらが 入って います。

地図の とおりに すすむと、川が ありました。そこで、とかばは 青い 石と 白い 石を ひろって かばんに しまいました。

つぎに、野原に 出ました。おなかが すいたので、サンドイッチを 食べました。

さらに すすむと、大きな 木が あり、ふくろうが いました。

「これは わしの たからものだ。きみは どんな ものを もって いるのかな。」

と 言って、ふくろうは ビー玉を 見せて くれました。とかばは、かばんの 中の ものを 見せました。

「ホウホウ。きれいな 青い 石だ。わしの たからものと、とりかえて おくれ。」

とかばは よろこんで とりかえました。それから、貝がらも あげました。そして、家に 帰りました。

出かける 前に、かばんに 入って いた もの

↓

家に 帰った とき、かばんに 入って いた もの

絵や 図に かいて 確かめながら 読むと、始めと 終わりで 変わった ことが わかるね。

できたら 天才！

文しょうを 読んで、□□の もんだいに 答えよう。

「なぜなら、なくした ひと
 にきを するんだ。」
「リすくん、そんなに おいて
 どう したの。」
「ぼくは、この えだに たくさ
 ん くるみを かくして おい
 たんだ。それを、だまって も
 って いかんで。」
「そんな こと しないよ。」
 むささびは、こまって しまい
 ました。そのとき、ふたりの い
 る 木の えだを 強い 風が
 ゆらしました。
「あっ、リすくん、わかっだよ。
 風で くるみが ころがりおち
 たんだ」
 そして、木の 下を 見ました。
 そこには くるみが たくさん
 おちて いました。リすは、かん
 ちがって むささびに おいて

しまった と わかって ても は
ずかしかったので、ちいさな 声で
「ごめんね。」
と 言いました。むささびは、
「気に して ないよ。」
と 言って わらいました。

1 リすは、はじめ、どんな 気もちだっ たかな。

　1 よろこんで いた
　2 おこって いた
　3 こまって いた

2 おわりでは、リすの 気もちは どん なふうに かわって いたかな。

　1 はずかしく なって いた
　2 おこって いた
　3 いばって いた

文章の中から、気持ちを表すことばをさがしてみよう。

できたら天才！

文しょうを 読んで、二つの もんだいに 答えよう。

　コくんは、とぼとぼ 歩いて きた。しゅくだいが どっさり 出た。きゅう食は、きらいな おかずだった。お気に入りの ズボンが どろで よごれた。

「きょうは、いい ことが ないなあ。」

　げんかんを あけると、犬の ムギが ねて きた。

「ムギ、そんな とこで ねて いて、あぶないよ。」

　それに、お兄ちゃんが うれしそうに やって きた。

「おかえり。おやつは こちらだぞ。ぼくと こっちへ すわだろう。」

「うん。」

と コくんは、答えた。そして、にっこり わらった。

「きょうも、ちゃんと いい ことが あるなあ。」

■1 はじめと おわりで、コくんの 気もちは どのように かわったかな。

[はじめ]　──────────→　[おわり]

1　おこって いた　　　　　　□　　1　こまった　　　　　□
2　おちこんで いた　　　　　　　　2　かなしんだ
3　あわてて いた　　　　　　　　　3　よろこんだ

■2 コくんの 気もちが ■1の ように かわったのは どうしてかな。

1　しゅくだいが どっさり 出たから。
2　犬の ムギが ねて いたから。　　　　　　□
3　おやつが すきな いちごだったから。

登場人物の 気持ちは、「喜ぶ」「おこる」などの ようすなことばだけでなく、顔の ようす (表情) や 行動、会話文の 内容からも わかることが あるよ。

顔や　体の　ようすと、それが　あらわす　気もちを、線で　つなげよう。

下を　むいて
もじもじして
いる。

・　　　　　　・　よろこんで　いる

むだに　うごき
回ったり、言い
まちがえたり　する。

・　　　　　　・　おこって　いる

目が　大きく
ひらかれて、思わず
「あっ」と　言う。

・　　　　　　・　はずかしがって　いる

まゆの　はしが
上がって、こちらを
にらんで　いる。

・　　　　　　・　あわてて　いる

口の　はしが
上がって、三日月の
ような　形に　なる。

・　　　　　　・　おどろいて　いる

自分が　おどろいたときや、はずかしかったとき、
顔や　体が　どんなようすに　なったか、思い出してみよう。

できたら
天才！

文しょうを　読んで、二つの　もんだいに　答えよう。

シロは、まっ白な　ねこです。

ⓐ「わたしの　体にも、みんなの　ような　もようや　色が　あったら　いいのに。」

ある日、白黒もようの　くちが　言いました。

「ぼくも、シロさんみたいな　まっ白に　なりたい。」

「え？　わたしは、くちくんみたいな　きれいな　もようが　自分に　あったらと　思うのに。」

シロは　おどろきました。

「おたがいに　ないものに　あこがれて　いるんだ。」

くちは　にっこりと　わらいました。

「シロさんが　ほめて　くれたから　もようも　なかなか　いい　ような　気が　する。」

ⓘ「わたしも、くちくんが　ほめて　くれたから　白い　体が　すこし　いやじゃなくなった。」

シロは、にっこにっこ　にこにこ　と　わらいました。

1 ⓐは、シロの　どんな　気もちを　あらわして　いるかな。

1　にくらしい

2　うらやましい

3　なつかしい

2 ⓘは、シロの　気もちが　どう　かわったのを　あらわして　いるかな。

1　自分の　体の　色が　すきでは　なかったが　すきに　なった。

2　白黒もようが　いちばん　すきだったが　まっ白も　すきに　なった。

3　くちが　言った　ことに　おどろいたが　おどろかなく　なった。

2は、文章に　出て　いることばが　使われて　いても、文章と　同じ　内容を　表して　いるとは　かぎらないよ。気をつけて！

できたら
天才！

文しょうを 読んで もんだいに 答えよう。

「火星の 夕やけは 青い。」
そんな 話を 聞いた ときか
ら、コイの 頭の 中は 火星の
ことで いっぱいに なった。
としょかんで うちゅうの 本
も かりた。本には
「火星まで 行くのに、ロケット
で 八か月 いじょう かかる。」
「火星には まだ だれも 行っ
た ことが ない。」
と 書かれて いた。火星の 大
地から 見た 空の しゃしんも
のって いたが それは むじん
カメラが とったものだった。
「じゃあ、火星の 夕やけを 見
た 人は まだ いないんだ。」
「本当に 青いか どうか たし
かめて みたい。」
「きめた。わたし、うちゅうひこ

うし に なって、火星に 行く。」
コイは 本を とじた。
あとで、お父さんか お母さん
に どうしたら ちゅうひこう
しに なれるのかを 聞こうと
思った。

■ この 文しょうの あらすじを、一
つの 文に まとめると、どれに な
るか。数字で 答えよう。

1　コイは、火星の 青い 夕やけを
見るために、お父さんか お母さ
んに うちゅうひこうしに なって
ほしいと 思った。

2　コイは、火星の 夕やけが 青い
ことを たしかめるために、うち
ゅうひこうしに なろうと きめた。

3　コイは、火星の 夕やけが 青いこ
とを、としょかんで かりた うち
ゅうの 本で 知った。

物語には、中心人物が 出来事を 通して どのように 変わったかが 書かれているん
だ。そして、それを まとめたものを「あらすじ」というよ。

できたら 天才！

できた子たち

暗号を使って、秘密の手紙を出し合ってみよう！

〈れいぶん〉

・・・・・・・・・・・・・・・・・・・・・・・・・・・・・・

〈れい 一つ 文〉

〈あんごう3〉

かゆくてたまりませんね

文字を一つずつ、前の文字にかえてみよう！

〈あんごう2〉

なのはないちめんさいた

「は」を「○」にかえてよんでみよう。なにがかかれていますか……

〈あんごう1〉

おはようおはなはきれいらるよんいないかきくけこなまけなまけ

「ほんとう」「なかよく」

下の 三つの あんごうを くみあわせて、何回 つくっても かまいません。どんな 文が かくれて いますか。

ことばのきまり ❸

あんごうぶん を つくろう

文しょうを 読んで、下の もんだいに 答えよう。

手紙（てがみ）

　朝（あさ）から 雨（あめ）です。

　きつねの子は ひとりで ぼんやり して います。

　だれかに 手紙（てがみ）を 書（か）こうかと 思（おも）います。

　「だれが いいかな。」

　うさぎの子とは きのう けんかを しました。

　たぬきの子とは おととい かくれんぼを しました。

　くまの子とも 野原（のはら）で かけっこを しました。

　「そうだ ねずみくんが いた。ねずみくんが いい！」

　ねずみの子には もう 五日（いつか）も 会（あ）って いません。

　ねずみの子は ずっと 足（あし）を くじいて 外（そと）へ 出（で）られないのです。

　「たいくつ だろうな。何（なに）を 書（か）こうか」

　雨（あめ）の 音（おと）を 聞（き）きながら きつねの子は じっくり 考（かんが）えます。

　うさぎの子が 丸太（まるた）の ように さか立（だ）ちを して みせた こと。

　たぬきの子が なわとびを 十回（じっかい）し 続（つづ）けて とべるように なった こと。

　くまの子が くりに さされそうに なった こと……。

　書（か）きたい ことは いくつも あります。

　けれど、本当（ほんとう）の いいことを 言（い）っても、きつねの子は まだ そんなに たくさんの 字（じ）を 書（か）く ことが できません。

　そこで、さんざん 考（かんが）えた すえ、

　　なおったら また あそぼ。きつね

と 書（か）く ことに します。

　雨（あめ）は まだ 降（ふ）り続（つづ）いて いますが、東（ひがし）の 空（そら）が 少（すこ）し 明（あか）るく なって います。

　「雨（あめ）が 上（あ）がったら 自分（じぶん）で ゆうびんやに なって、とどけに 行（い）って、ついでに たんぽぽの 花（はな）を 二、三本（さんぼん）を そえて」

　きつねの子は、ひとりで にっこり します。

１ この お話の 中心人ぶつは 「きつねの子」だよ。「きつねの子」は、だれに 手紙を 書く ことに きめたかな。

┌─────────────┐
│   │ の子
└─────────────┘

２ お話の はじめと おわりで、きつねの子が どのように かわったかを 図に まとめたよ。（ あ ）〜（ え ）に 入る ことばは 何かな。文しょうから 見つけて ぬき出そう。ひらがなで 書いても いいよ。

┌───────────────────────┐
│ だれかに（ あ ）を   │   中心人ぶつの、
│ 書こうかと 思います。 │   「はじめの ようす」を
│ 「だれが いいかな。」 │   文しょうの 中から
└───────────────────────┘   見つけて 書く。

              ┌───────────────┐   中心人ぶつが、
         ◀── │（ い ）を 書く │   はじめと おわりで
              └───────────────┘   かわる きっかけに なった
                                    できごとを 書く。

┌───────────────────────┐
│ 「（ う ）、自分で ゆう│   中心人ぶつの、
│ びんやに なって とどけ │   「おわりの ようす」を
│ に 行こう。（ え ）を │   文しょうの 中から
│ 二、三本 そえて。」   │   見つけて 書く。
└───────────────────────┘

あ ┌─────────────────────┐   い ┌─────────────────────┐
   │   │   │   │
   └─────────────────────┘   └─────────────────────┘

う ┌─────────────────────┐   え ┌─────────────────────┐
   │   │   │   │
   └─────────────────────┘   └─────────────────────┘

┌──┐
│ ②の図は、「始めと 終わりで 変わったところ」「変わったきっかけ」などを │
│ 一つに まとめて 表したものだよ。これを 作ると、物語が よく 理解できるよー。 │
└──┘

できたら 天才だー！

プラス 5の9+　　　　　　　　　　　手紙を 書いて

れんしゅう5・9 の ねずみの子は、きつねの子からの 手紙に、どんな へんじを したかな。そうぞうして 書いて みよう。つぎの ページでは、自分の 家ぞくや 友だち、学校の 先生などに あてて、手紙を 書いて みよう。

〈きつねの子からの 手紙〉

　ねずみくん

　かえったら、また あそぼ。

　　　　　　　きつね

〈ねずみの子からの 手紙〉

きつねくん

　　　　　　　ねずみ

ねずみの子は、きつねの子に手紙をもらったとき、どんな気持ちになったかな。想像してみよう。

文しょうを 読んで 四つの もんだいに 答えよう。

夕日の しずく

ある 夏の 日。

ひとりぼっちの きりんが なだらかな おかを かけ上がって、遠くの 海を 見て いた。

すると、どこからか 小さな 声が 聞こえて きた。

「きりんくん、きりんくん。」

きりんは、草原を 見回した。

「だれ? どこ?」

きりんは、小声に なって 聞いた。

「ぼく。ここ。ほら、きみの 足もと。」

目を こらすと、小さな ありだちが 見えて きた。

「こばこ いるなあ。」

「こ」は この 中の 「じ」きが 足もとの ぼくたち。」

ありきの 小さな 声だ。

「ねえ、きりんくんは ここで 毎日、何を して いるの?」

きりんが まばたきを した。

「だ 見て いるのが。」

「何を 見て いるの?」

きりんは、少し だまってから 言った。

「自分で 見て みる?」

「ぼくの 目で?」

「そうだよ。ここまで 上って おいでよ。」

「ここの?」

さいで ありは、えっさえっさ ちい

▼つぎの ページに つづく。

ちい、上りだした。

とい、とい、ちいちい。
とい、とい、ちいちい。

「遠いなあ。」

とい、とい、ちいちい。
とい、とい、ちいちい。

ありは　つかれて　きた。

「がんばって。」

きりんは　言った。

とい、とい、ちいちい。
とい、とい、ちいちい。

ありは　うごかなく　なった。

「まだまだなの？」

「もう　すぐだよ。」

きりんは　はげました。

「がんばれ　がんばれ。」

とい、とい、ちいちい。
とい、とい、ちいちい。

「こ、こだよう。」

ありは　きりんの　つのの　上で、
ぴかぴか　わらった。

「こいだねえ」

きりんも、ぴかぴか　わらった。

「ぼく、今、空に　いる。」

ありは　言った。

「むこうの　地めんは　青い　わか
だ。あそこも　空でしょう？」

「あれは　海だよ。空の　青さとは
ちがうだろ。海は　ずっと　ずっ
と、遠くまで　つづいて　いる。」

きりんは　言った。

「ぼくは　ここに　来て、あの　海
の　むこうを　見て　いるんだよ。」

「ぼくは　海の　むこうで　生まれ
た。」

きりんは　じろぎキくように　言っ
た。

「母さんと　ならんで　見た　夕日
も、こんなに　きれいだった　な
かまも、ここに　こだ。」

▼つぎの　ページに　つづく。

ありは 何か 言いたいこと 思った。だが なぜか ことばが 出なかっただ。ありんも それきり だまった。海風が ふくだようが しずんで こ。

「いどば 下ろして あけようね。」

ありんは ありを やさしく 地めんに 下ろした。

その時 はっこ まきの んだ。

「夕日の しずく?」

そこに 赤い 小さな 花が ほこと さいて いだ。

「きれいだなあ。」

ありんは 言った。

「こんなに きれいな 花を 見たのは ぼく 生まれて はじめてだ。」

「あんなに 広い せかいを 見たのは ぼくも 生まれて はじめ

こだよ。」

ありは 言った。

ありは その ばん 空のように 青い 海の ゆめを 見た。

ありは その ばん 夕日の 赤い 花の ゆめを 見た。

つぎの 日から ありは なかまを つれて ときどき ありん 上らせて もらった。

ときどき ちいさい。

ときどき ちいさい。

ありだちは せかの はこを 見回して 遠くに 何かを 見つけては ひかひか わらった。

ありは ありだちを そて 下ろすとき 足もとに 何かを 見つけては ひかひか ひかひか わらって いた。

あまん きみこ『ちいちゃんのかげおくり』(小峰書店) より 表記等を一部変更

天さい
手たち

10

この おはなしができたら、一年生の 国語は、ばっちりだよ！

---

1 この おはなしの 中から、「まる」「てん」「かぎ（「 」）」を かぞえて、それぞれ なんこ つかって いるか、□に すう字で 書きましょう。

2 見た おはなしで、きいろい ものは 何か、文しょうで こたえましょう。

あかるい ひるまには、何が はじめて ひらいた ものか、ひらがなと かん字で 書きましょう。

3 見た おはなしで、赤い ものは 何か、文しょうで こたえましょう。

ひらがなで 書いて こたえましょう。

のような 赤い 小さな 花

あ
い
う

4 この おはなしの はじめと おわりで、かわった ことは 何か、図に ことばを 入れて まとめます。□に 入る ことばを 書きましょう。

見た 花を 赤い はじめな

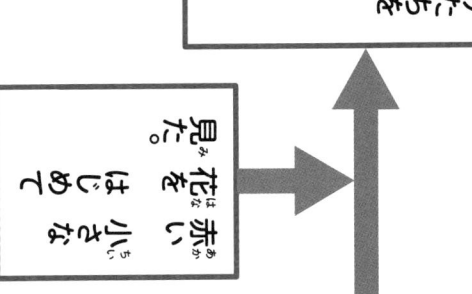

見くらべた だけ（あ）の ことを

あたらしく 見つけた ことは、（い）が 下るに、何かを 見つけた。

（う）。

ことばで あそぼう ⑨

本や まんが、お店の かんばん、人の 名前などに つかわれて いる かん字で、あなたが 「すきだ」と 思った 字を、五つ あつめよう。

〈れい〉

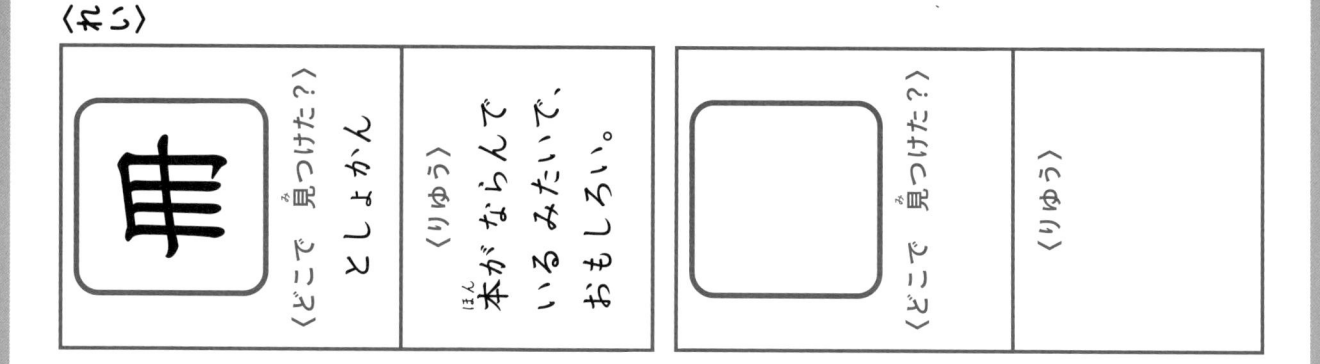

〈どこで 見つけた?〉 としょかん

〈りゆう〉 本が ならんで いる みたいで、おもしろい。

〈どこで 見つけた?〉

〈りゆう〉

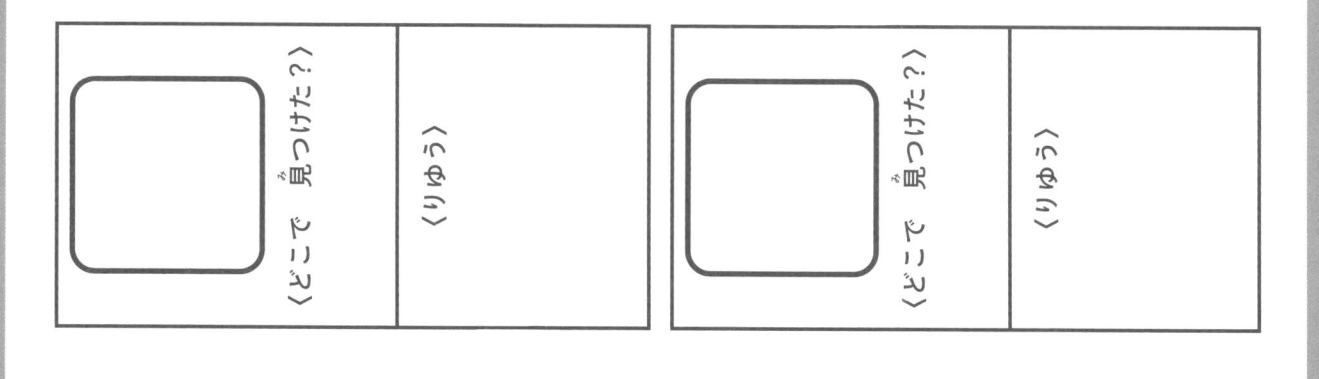

〈どこで 見つけた?〉

〈りゆう〉

〈どこで 見つけた?〉

〈りゆう〉

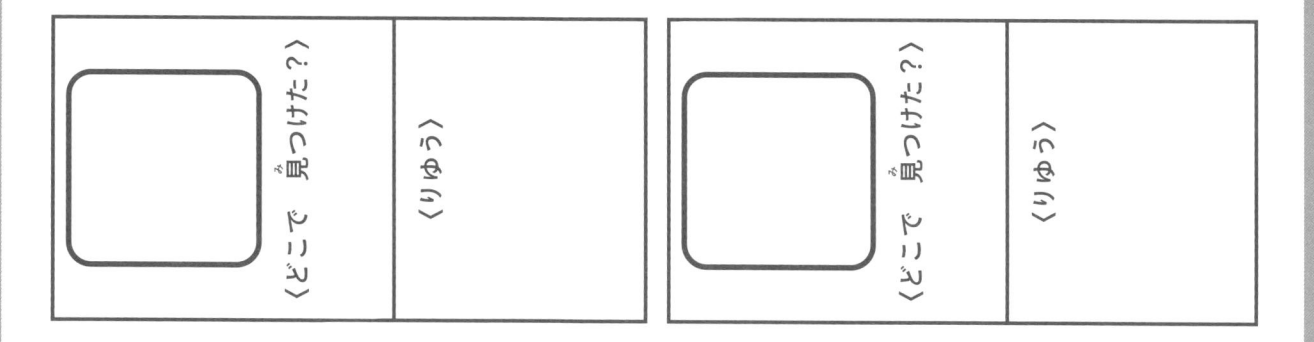

〈どこで 見つけた?〉

〈りゆう〉

〈どこで 見つけた?〉

〈りゆう〉

白黒もようの パンダは 中国では「大熊猫」と 書くんだって！

できたら 天才！

認定証

ランク5

　　　　　　　　　　殿

あなたを

「この一冊で身につく！1年生の国語読解力」

ランク5 修了と認定します。

ここにその努力をたたえ、

認定証を授与します。

これからも言葉や文章にふれることを楽しみ、

読解力を伸ばしましょう！

　　年　　月　　日

筑波大学附属小学校　白坂洋一

答え

▶ は、おうちの方へのアドバイスです。

▶ ワーク1の1 ワーク1の2 は、絵とことばを線でつなぐ内容です。声に出してことばを確かめましょう。また、点と点を線でつなぐ際には、お子さんの鉛筆の持ち方に気をつけてみましょう。

ワーク1の1

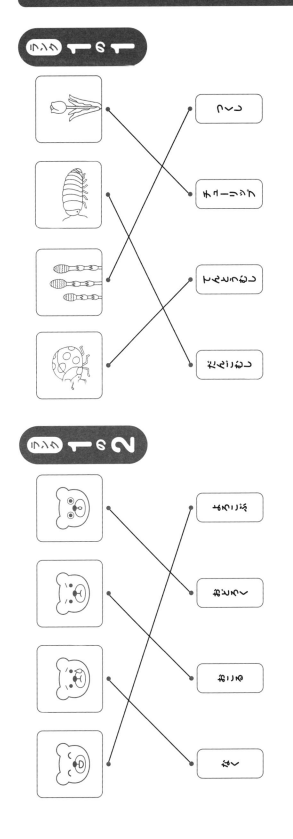

ワーク1の1
- ねぎ
- チューリップ
- てんとうむし
- だんごむし

ワーク1の2

（えがお・かなしい・おこる・なく の顔と、ぶうぶう・じんろ・おこる・なく のことばをつなぐ問題）

ワーク1の3

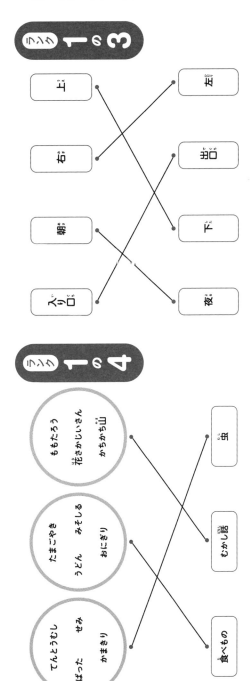

- 上 — 下
- 右 — 左
- 朝 — 夜
- 入り口 — 出口

ワーク1の4

- ももたろう・花さかじいさん・かちかち山 → むかし話
- たまごやき・うどん・みそしる・おにぎり → 食べもの
- てんとうむし・ばった・せみ・かまきり → 虫

▶文章だけでは想像できないことも、絵を見ることによって、ようすを思い浮かべることができます。

国語辞典で、言葉の意味や使い方、漢字での書き表し方などを調べるときは、見出し語を探します。見出し語は、五十音順にならんでいます。「は・ひ」のような清音の後に、「ば・び」のような濁音や、「ぱ・ぴ」のような半濁音が示されています。「ロープ」「プール」のようなのばす音がある語は、「ろおぷ」「ぷうる」のように「あ・い・う・え・お」におきかえて、ならんでいます。

プラス1の4+

▶まずは、「魚」の枠を埋めてみましょう。お子さんが思いつかないときは、本や図鑑などでいっしょに調べてみましょう。そうすることで、ことばを知るとともに、本で調べることのよさを実感できます。

ラスト1の5

おとなしい・ずうずうしい・やさしい

ラスト1の6

さびしい・うれしい・楽しい

ラスト1の7

1 かんづめ
2 せんせい
3 とおり
4 みぢか
5 ちかく
6 ちぢむ

▶「お」と「う」の使い分けの覚え方には、「とおくの おおきな こおりの うえを とおの おおかみ とおずつ とおった」などがあります。

ラスト1の8

1 歩く。
2 はねる。
3 ふりむく。

ラスト1の9

1 野さいだ。
2 ジュースだ。
3 うんてん手だ。

▶「合わないもの」であるところに注意しましょう。声に出して読む(音読する)ことは、ことばを知るだけでなく、文のつながりを確かめることもできます。

ラスト1の10

1 小さい。
2 長い。
3 あさい。

▶文ができたら、例えば「野球のどんなところが楽しい?」と、理由をたずねてみましょう。また、おうちの方が何を入れたか、お子さんに話すことで、考えや意見を分かち合うことができます。

ことばであそぼう❶

▶国語辞典を活用しながら、まずは、ことばを並べることから始めましょう。
レベル1の8「だれが、どうする。」や
レベル1の9「何は、何だ。」を使うことで、一つの文に表すことができます。

ことばであそぼう❷

▶「同じ文字はどこかな?」と声をかけながら、取り組んでみましょう。「なんと読むんだろうね。」「見たことあるかな。」と問いかけながら、読み方や書き方を国語辞典や漢字辞典でいっしょに調べてみてもらいです。漢字の興味や関心を高めるきっかけ作りとして位置づけています。

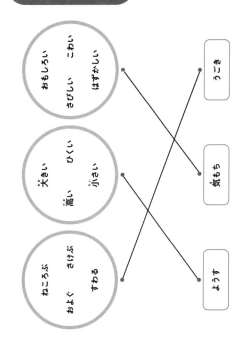

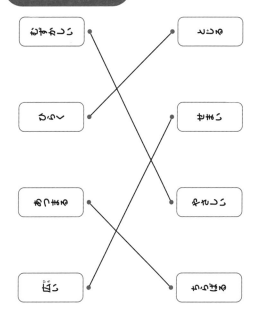

▶反対のことばや仲間のことばを知ることで、ことばとことばの関係がわかり、使いこなせるようになります。

に・・・「ドリル」「テスト」では、クイズ作りなどで答えと「ぼく」の答えとなる部分を活用して、問いと答えの関係を楽しんでみるのもよいでしょう。

▶ステップ2の5+

だけど、多くの説明文は、「問い」に関係する答えへと筆者の主張が述べられているので、「何が、どのように成り立っているか」という文章の構成を読み取ったりすることが、「問い」に着目することで、文章を読みたりすることができます。

▶ステップ2の5

▶ステップ2の4

に・・・文章を読み取ったり、内容を理解するときには、主語と述語の関係を意識することが大切です。文章の基本は「文」であり、「文」が集まってできるのが「文章」です。「文」は、句点（。）で区切ることができ、その数を問うことで、文章の内容に目を向ける問いが・・・

▶ステップ2の3

「文」が集まって「文章」があるように・・・

▶ステップ2の6

3
② 1

3
⑤ ①

▶ステップ2の9
あ

▶ステップ2の8
あ

に そ れ
あ

▶ステップ2の7

がわかることには、文章を読み通して「順序」がわかることがあり、ものごとの「じゅんじょ」がわかることには、文章に書かれている内容の順序がわかることがあります。物事が進んでいく順序をとらえるには、「はじめ」「つぎ」「それから」などの文章の関係を学び、内容をとらえるようになると、文章の内容を順序・・・

がわかることには・・・文章のみを読んで、「書いてある年が低学年・・・

◀（3）
2 ← ・・・ ← 4 ← 1

▶ステップ2の6

1 1 （省略）

2 2 まほうの はこ

3 1 さかな　2 うさぎ
　3 りす　4 きのみ

▶2…物語の題名に目を向けることによって、「どんなことが書かれているか」や、内容の大筋をつかむことができます。

3…表にまとめることで、書かれている内容を整理しながら、正確に読むことができます。

ラスト2の10+

▶音読では、母音となる「あいうえお」の口の形を意識して読みましょう。また、この詩は、四音・四音・五音のリズムでできています。手拍子でリズムを取りながら、だんだんとスピードを速くしていくといいですね。

ことばであそぼう3

▶「いつ・どこで・だれが・どうした」は、作文の基本形でもあります。遊びを通して、この基本形に慣れていきましょう。日記や作文を書くときにも意識するといいですね。

ことばであそぼう4

どうぐ
▶地図と文章を比べながら読む内容です。「文」の内容を意識して読みましょう。宝の箱を探すのに必要な文、必要でない文はどれかを、お子さんと仲間分けしながら読んでいきましょう。

ラスト3の1

2・3

ラスト3の2

1・3

▶文と文のつながりを問う内容です。ラスト3の1 は、理由を示す「だから」、ラスト3の2 は、前の文を逆の内容を示す「でも」の、ことばのはたらきを問うています。どちらの接続語が正しいかを確かめるために、言い出して読む（音読する）ことが効果的です。

ラスト3の3

1 うれしかったから
2 春だから
3 人がきたから
4 あまいから

ラスト3の3+

▶もし、お子さんが理由をなかなか書けずにいる場合は、おうちの方が好きなほうを選んで理由を語るモデルを示したり、「〇〇ちゃんはどっちが好き？」「それってどうしてかな？」と、優しく問い返してみたりしましょう。だっ

て〜」理由を話し始めたら、そのことを書くように促していきましょう。

ラスト3の4

1 キャベツ・トマト

2 サッカー・ドッジボール

3 オルガン・ハーモニカ・シンバル

（それぞれの番号内でどのような順番でもよい）

ラスト3の5

1 妹

2 ペンギン

3 どんぐり

ラスト3の6

3
▶複数の文が集まって、ことがらの内容のまとまりを示したものを「段落」といいます。段落の始めは、一字下げて表されています。ここでは、「カピくらというどうぶつが〜見ることもできます。」「カピくらの体は、〜われています。」「とてもおとなしい〜くらしています。」の三つの段落でできています。

ラスト3の7

さくらんぼ
▶話題が何かを読むためには、題名や主語に着目してみましょう。また、くり返し使われていることは目を向けてみましょう。「さくらんぼ」ということばは、ここでは四回くり返して使われていますね。

ラスト3の8

3
▶題名には、この文章でもっとも伝えたいことが表れています。また、読み手をひきつける役割もあります。この文章では、「話題」としてうさぎの耳が取り上げられ、そして、「なぜ、あんなに大きいのでしょうか。」という問いを立てて、理由が書かれています。そのため、3がもっとも適しています。いずれの選択肢も「耳」を取り上げていますが、1は「どうぶつ」と示す範囲が広すぎて文章の内容と一致していません。2は文章で書かれている理由のうちの一つだけしか題名として表されていません。

プラス3の8＋

▶書店や図書館で、実際に題名を見比べるのもよいでしょう。また、選んだ本を読み、感想を書くことで、本に親しむきっかけ作りにしていきましょう。

5 すなはま　6 海そう

7 魚

4 （省略）

▶3…「どんなしゅるいのだんごむしがあるのでしょう。」「どのようなものを食べているのでしょう。」という二つの問いを表にまとめる内容です。まずはどんな種類があるのか、段落の主語に目を向けて読み、表にまとめましょう。次に、それぞれのだんごむしはどんなものを食べているのか、述語「食べている（食べています）」に目を向けて読み、まとめていきましょう。

▶4…いちばん驚いたところはどこだったかについて─線を引く問題です。読み手によって一人一人選ぶ箇所も異なりますし、選んだ理由も異なります。ここではぜひ、お子さまに「どうしてそこを選んだのか」と理由をたずねてみましょう。また、おうちの方もどこを選んだのか、理由も含めて考えを伝え合ってみましょう。

ことばであそぼう⑥

▶ いろいろなバリエーションのあることば遊びです。手拍子を交えながら、楽しんでみましょう。

ドリル 3の9

1 かぶとむし

2 ⑤

3 2

4 ⑤・⑦

▶1…「話題」をとらえるためには、題名や主語に目を向けていくとよいでしょう。ここでは「かぶとむし」になります。

▶2…「問いの文」では、「どんな」「どのように」と疑問を表すことばや、「～でしょう」「～でしょうか」などの文の終わり（文末表現）に目を向けて読みましょう。

▶3…①の段落は、二つの問いの文でできています。その内容は、「どんな食べものをさがすのでしょう。」「どのようにとび回るのでしょう。」の「食べもの」と「とび回り方」です。

▶4…前者の「食べもの」についての問いの答えは⑤、後者の「とび回り方」についての答えは⑦に書かれています。それを確かめるためにたとえば、前者の問い「どんな食べものをさがすのでしょう。」の後に続けて、⑤の段落を音読するなど、声に出して読むことが有効です。

ドリル 3の10

1 だんごむし

2 ⑤

3 1 おかだんごむし

　2 おちば　3 おか

　4 はまだんごむし

ランク 4の1

は・犬・ねこ・にわとり・どろぼうたち

▶物語の場面に登場し、話したり、自分の意思で行動したりする人のような物を「登場人物」といいます。人のようにふるまう動物なども含まれます。ここでの「音楽たい」や「おばけ」は話題として出てくるだけで、登場人物ではありません。また「ラーメン」や「森」などは、場所を表すことですので、登場人物ではありません。

ランク 4の2

ボンちゃん

▶登場人物の中で、物語の中心になる人物を「中心人物」といいます。劇でいう主人公です。中心人物は、物語の始めと終わりで、考えや心情が大きく変わる人物です。また、語り手が寄り添っている人物です。ここでは「ボンちゃん」の気持ち（心情）が心に書かれています。

ランク 4の3

1 メイ
2 ベス
3 となり
4 おとない

▶登場人物がどんな人物か、「人物像」を明らかにすることは、正確に読むことにつながります。

ランク 4の4

1 アカリ
2 ソウスケ
3 ユウト

▶登場人物の関係や関わり方、役割をまとめることで、物語全体を読むことができます。ほかにも、図を使って、登場人物の人物像や、人物どうしの関係をまとめる方法があります。

ランク 4の5

1 2・4・6
2 4

▶「」のついた会話文から、登場人物の心情や考えを読むことができます。また「」の記号は、「えと」のようにことばを目立たせる（強調する）役割もあります。「」が二行以上続くときには、2の文のように、二行目以降は一字下げて、高さをそろえて書きます。

ランク 4の6

1 ゆき
2 1

▶会話文と地の文に目を向けるといいでしょう。会話文は、登場人物が話している「」のついている部分です。地の文は、会話文以外の、説明や語りの部分をいいます。

▼ 2……
1 あ ⑤ ク
2 ペ ロ
3 わ ふ し い

プラス 4の10

「ぼくだれがすき。」
ウ……2 の物語の登場人物は、ロントだけだと思い込んでいる。自分の後の登場人物は、ロントには入りません。「ロントには」

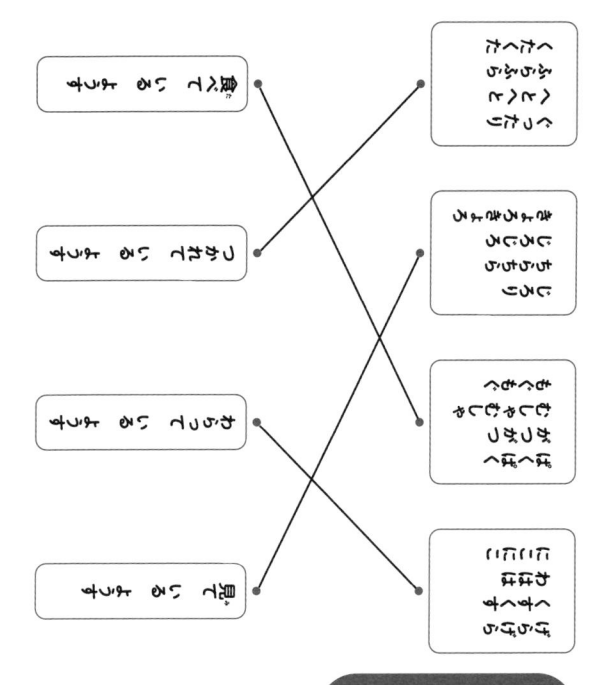

プラス 4の8

▼ 6・4
事実は、事実に目を向けて読み、感想は、感想に目を向けて読むと分かりやすい。
感想……「～と思います。」「～でしょう。」など。
事実……「～です。」「～ます。」「～ました。」「～ありました。」など。
＋文末表現を表す言葉…「～ました。」「～です。」など。

プラス 4の7

▼ 1……「おじいさん」「おばあさん」が主語を読む。「おじいさん」や「おばあさん」に目を向けて読む。
2……あ ⑤
3…… 2

「村」の人にしたわれており、「学習」の「おじいさん」、「おばあさん」とわかります。

答え
1 おじいさん
2 おばあさん
3 なかよし・村

プラス 4の9

▼ 「～のような」「～みたいだ」「～ように」などのたとえの言い方や、「～やら～やら」などの表現を、日記や作文などを書くときに使うと、読み手に伝わる豊かな文章表現になります。

プラス 4の6

▼ お子さんが自分で考えて書いていればOKです。「お子さんの考え」であることを認めてあげましょう。

プラス 4の8 ＋

は「ペロ」の気持ち（心情）が中心に書かれていますので、中心人物はペロとなります。

❸…いつもペロの後ろにいたのが何だったかは、ソラの会話文から「しっぽ」であることを明かされます。しっぽがどんなようすや色であったかは、ペロの会話文から「ふわふわ」していて「しろい」ことが読み取れます。

ことばであそぼう❻

▶中心人物の人物像が具体的に書けたら、どのように活躍させたいか想像をふくらませながら、いっしょにお話作りに取り組んでみてもらうですね。

ことばであそぼう❼

▶書き出しの一文が決まると、お話作りがスムーズに進むことがあります。まず、「○○は、」と自分の名前を主語にした文を作ってみましょう。

ラベル5の1

三（月）二（日）九（時）

ラベル5の2

［きせつ］ 2
［時間］ 1

▶季節や月日、時間など「いつ？」を読むことは、あらすじをとらえる基礎・基本となります。このほかにも「どこで」（場所）を読むことも大切です。この文章で季節は「あさがおの花」や「プールのじゅぎょう」ということばから、また時間は「そろそろ出ないと、学校にちこくするよ」や「お昼から雨」ということばなどから読み取ることができます。

ラベル5の3

［出かける前に、かばんに入っていたもの］
地図・サンドイッチ・ハンカチ・貝がら

［家に帰ったとき、かばんに入っていたもの］
地図・ハンカチ・白い石・ビー玉
（いずれもどのような順番でもよい）

▶図を使ってまとめることで、物語の始めと終わりで何が変わったか読むことができます。ここでは、出かける前と帰宅後のかばんの中身を書き出しながら、一つ一つ確かめていきましょう。

ラベル5の4

1 1 2
2 1

▶気持ち（心情）の変化を問う内容です。ラベル5の3と同じように、図を使ってまとめることで、始めと終わりで何が変わったか読むことができます。ここでは、ラベル1で学習した気持ちを表すことばに目を向けて、リスの気持ち（心情）を読んでいきましょう。

ステップ 5の5

1 [はじめ] 2
　　[おわり] 3

2 3

▶ 2…中心人物の気持ち（心情）が始めと終わりで変わるきっかけを読んでいきます。この文章では「とぼとぼ歩いていった」や「きょうは、いいことがないなあ。」というコウルの会話文から始めで、落ち込んでいるようすがわかります。終わりでは「にっこりわらった」や「きょうも、ちゃんといいことがあるなあ。」という会話文から、喜ぶようすが読み取れます。その気持ち（心情）の変化のきっかけが、お兄ちゃんの会話文に表れている「ちらり」になります。

ステップ 5の6

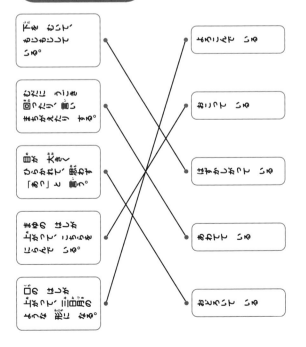

下を むいて、おちこんで いる。	よろこんで いる。
なんども うっかり まわったり 言いまちがえたり する。	おどろいて いる。
目が 大きく ひらかれて「あっ」と 言う。	はずかしがって いる。
まゆは ぎゅっと ひそめて いらいら する。	おこって いる。
口の はしが ようやって 三日月の 形に なる。	あわてて いる。

ステップ 5の7

1 2

2 1

▶ 会話文には登場人物の考え方や思いがそのまま書かれていることが多いです。そのため、会話文に目を向けることによって、登場人物の気持ち（心情）を読むことができます。

ステップ 5の8

2

▶ あらすじを問う内容です。あらすじをまとめるためには、「中心人物は誰か」、「どんな出来事があったか」、「終わりに中心人物がどのように変わったか」の三つを読むことでまとめることができます。この文章の中心人物は「ユイ」です。出来事としては、「火星の夕焼けが青いことを知り、確かめてみたいと思うこと」です。最後のユイの会話文に目を向けると「きめた、わたし、うちゅうひこうしになって、火星に行く。」とあります。一つの文にまとめると、2の文になります。1は、お父さんがお母さんに宇宙飛行士になってほしいと思ったという部分が本文の内容と一致しません。3は、図書館で借りた宇宙の本を読んだことは内容として一致していますが、終わりの部分が含まれていません。

おやつはれいぞうこのなか

▶〈あんごう1〉は、「にわとり」の絵がヒントです。「にわ」を取って読みます。〈あんごう2〉は、「おやつ」「れいぞうこ」「なか」がそれぞれ逆さまに書かれています。〈あんごう3〉は、「あいうえお」の順に、文字を一つずつ後ろにずらしています。

テスト5の9

1　ねずみ
2　あ　手紙が
　　い　手紙が
　　う　雨が　上がったら
　　え　たんぽの　花は

▶1は、きつねの子の会話文に目を向けてみましょう。「そうだ、ねずみくんがいい!」という会話文が根拠になります。
2のう・えも、きつねの子の会話文に目を向けて読んでいきます。また、物語を図にまとめることによって、あらすじや中心人物の気持ち(心情)の変化を読むことができます。ここでは「はじめ」「きっかけ」「おわり」と三つの箱を使って図にまとめています。

テスト5の9+

▶「もし、自分がねずみくんだったら?」と問いかけ、お手紙をもらったねずみくんの気持ち(心情)を一緒に想像しま

てみましょう。「お手紙をくれてありがとう。」「○○をしてあそぼうね。」などが考えられます。

テスト5の10

1　ひとりぼっち
2　タ日・しずく
3　海・せかい
4　あ　海
　　い　足もと
　　う　からて　いた

▶1…きりんがどんな人物か、人物像を表していることに目を向けて読んでいくと、ここでは「ひとりぼっち」であることがわかります。
2…きりんの会話文に目を向けてみましょう。「ぼく生まれてはじめてだ」というきりんの会話文があります。それは何だったか、どんなようすだったのかをまとめています。
3…ありの立場で初めて見たものをうたっている内容です。ありの会話文「ぼくも、生まれてはじめてだよ。」は何だったかをまとめています。
4…中心人物であるきりんの立場でまとめています。「きりん」が主語になっている文をまとめていきましょう。

▶本や新聞などを使って、身の回りにある漢字を集めてみましょう。